질문을 닦다

실천시집선 307
질문을 닦다

2023년 09월 09일 1판 1쇄 찍음
2023년 09월 09일 1판 1쇄 펴냄

지은이	김향숙
펴낸이·편집장	윤한룡
디자인	윤려하
관리·영업	이소연
홍보	고 우

펴낸곳	(주)실천문학
등록	10-1221호(1995.10.26)
주소	남양주시 퇴계원읍 퇴계원로 52 405호
전화	02-322-2161~3
팩스	02-322-2166
홈페이지	www.silcheon.com

이 도서는 한국출판문화산업진흥원의 '2023년 중소출판사 출판콘텐츠 창작 지원 사업'의 일환으로 국민체육진흥기금을 지원받아 제작되었습니다.

ⓒ 김향숙, 2023

ISBN 978-89-392-3134-4 03810

이 책 내용의 전부 또는 일부를 재사용하려면
반드시 지은이와 실천문학사 양측의 동의를 받아야 합니다.

질문을 닦다

김향숙

307

실천문학사

제 1 부

연필의 국경	11
방울이라는 바퀴	12
밤이라는 옷	14
달빛 성분 검사서	16
달의 계곡	18
마리오네트의 저녁	20
그녀는 옷을 벗어두고 떠났다	22
단추의 어원	24
나사	26
라그랑주점	28
휴일의 뉘앙스	30
질문을 닦다	32

제 2부

광어	37
명작	38
빨래 경전	40
유치의 시절	42
봄의 비탈에 마을이 있었다	44
우리도 쥐라고	46
싸리나무	48
당신을 미리 다녀왔습니다	50
타이르는 타일들	52
삼강 주막	54
구석에는 굳은살	56

제3부

시드는 혹은 시 드는	61
비누의 예의	62
길 잃은 문장 위를 걷다	64
이후, 라는 문장	66
이응이 굴러간다	68
곰보꽃게거미	70
숫자의 엉뚱한 휴일	72
책의 유령들	74
봄의 유목	76
봄바람	78
파랑의 3중주	80
바람 무늬	82
매듭	84

제4부

사파리 공식	87
명왕성 유일 전파사	88
타래난초	90
소나기와 손아귀	92
북극곰	94
실금	96
화석	98
지리산	100
파문을 건지다	102
구름의 순장	104
열람용 봄	106
자루 이야기	108
단 하나의 방	110
해설 방민호	115
시인의 말	140

제1부

연필의 국경

 힘을 주지 않았는데 연필이 부러졌다면 부러진 것은 연필심이 아니라 작심作心이다 힘을 뺀 손에 힘을 더 빼다 보면 뺀다는 의지만으로도 힘이 된다 연필은 속으로 저항한다 악력은 악한 필체를 떨게 한다 부러진다는 건 끝내 타협할 수 없는 결단이다 살을 깎아야 보이는 뼈, 누가 칼을 들었는지 뼈가 검다 그러므로 백지를 가르는 선은 흑심이다 흑심을 품은 행간은 구겨지기 쉽고 백지를 가르는 흑심은 우리가 되기 어렵다 연필은 당연한 것을 흘린다 그것이 닳아 가는 줄도 모르고 몽땅 의식을 긁어낸다 거기에서 태어난 지우개는 지레 울게 마련이다 연필심에 침을 묻히듯 작심이 나를 점찍을 때 연필은 백지로 망명해 온다

방울이라는 바퀴

빗방울이란 이름
그건, 땅에 떨어지는 순간에만 얻게 된다

아주 짧은 순간을 일컫는
일그러지고 부서져야 얻게 되는

바람과 허공이 하얗게 부푼 민들레 속씨 뭉치처럼
빗방울도 날아다니는 항목들이다

바다에서 날아올라
구름 꽃으로 피었다가
당신에게 내려앉는다

오랜 시간 빗줄기로 내려오면서
동그랗게 뭉쳐지는, 짧은 순간 이름을 얻어
깨어지는 바퀴가 되어 흘러간다

순간은 빗방울처럼 위태롭다

그것들은 미끄럽다
창문에 동그랗게 붙어서
무수한 눈동자로 들여다보고 있다

방울들이 떨어져야 하는 곳이 있다면
그건, 바닥에서 얻게 된
이름들이다

동그랗게 뭉쳐져서
아직 깨지지 않은 것 몇 개를
눈동자로 쓰고 있다

밤이라는 옷

밤은 완벽한 모직
세상이 모두 어둠이라면
행사와 모임 때마다 갖춰야 하는
드레스코드는 없었을 것이다

목소리와 온갖 소리로 장식을 달고
모직이나 실크, 리넨이나
디자인도 계절에 맞는 패션으로 유행을 만들겠지

달이 뜨지 않는 옷
어둠은 영원한 옷감이었겠지
감촉도 화려함도 재료도 재단도 필요 없는

어둠을 걸어둘 장롱이 없어
밤 한 벌 껴입고
외출할 수 있을 것이다

어둠은 평면이니까

어떤 굴곡도 없는 무형의 세계

가위도 없이 저 먼 곳에 불빛 몇 개 달면

아득한 이곳이 된다

기형의 몸들이

밤의 뒷면에서 드러내는 무형의 옷

누구나 투명하고 영구적인 그 한 벌을 얻으려

껴입었던 낮을 벗는다

달빛 성분 검사서

달빛 한 조각 책상에 올려두었다
재물대 위 광학 현미경을 들여다보며
핀셋으로 한 자락 얇게 벗겨낸다

세포마다 애간장 타는 냄새와
백일홍의 젖은 숨소리가 묻어 있다
울음을 어루만지던 서늘한 달빛
가을 오동잎에 내려앉은
마지막 달빛은 야위었다

꽃잎에 묻은 지문과 뒤뜰을 지나간 발자국
뜨락을 쓸고 간 치맛자락 무늬도 보인다
달을 마중 나오던 하얀 박꽃과 달맞이꽃
분꽃의 숨소리도 들어 있다

달빛이 모과나무 가지에 앉아 있을 때
나지막이 깔리던 밤바람
먼바다를 건너온 돛의 거친 펄럭임과

달의 맨손에 묻은 기도의 성분을 살피는 중이다

만월로 몸을 부풀린 신음과 문양을 관찰한다
낭떠러지를 걷어 달라는
순도 백 퍼센트 염원도 내포되어 있다
달의 그늘진 뒷면엔 기도 한 줌과
당신의 빈손도 들어 있다

분석된 달빛을 기록해 놓는 밤
차면 기울고 기울면 차는 달빛은 맑고 따뜻하다

달의 계곡

달이 뜨지 않는 사막에 당신이 살아요
발자국이 보이지 않는 거센 날들
죽은 낙타의 등가죽을 어둠으로 버무려요

사막을 지나 달의 계곡에 이르면 광풍이 몰아치고
파편 같은 아카족의 검은 옷
생의 유해遺骸가 울퉁불퉁 퇴적되어 있어요

먹구름 뒤로 숨은 사막의 뱀이 숨죽여 흐르면
당신의 길고 긴 고초는 밤새 피리 소리로 번져가요

남쪽 넓은 소금 호수엔 자연을 빚은 칠흑이 춤추고
모래가 빚어낸 미소는 옅어져 그늘을 드리워요

굳어버린 까만 소금 덩어리처럼 엄마의 속은 타들어 가요
버스럭거리는 모래바람에 바위 갈라지는 소리가 들려요

산비탈 아래 살아가는 가난을 함부로 동정하지 마세요

부서져도 조각난 빛을 볼 수 있으니까요

달에는 보이지 않는 내일의 신이 살고 있어요
서로 얼굴을 비춰보며 동굴을 힘겹게 지나온 가족들
사막에서 내려와 달의 신전으로 향해요
오늘은 엄마가 뜨는 날이니까요

마리오네트의 저녁

마을은 앞집과 옆집이라는 말로
고요해진다

전압이 다른 웃음과 울음이 만나
정전되었던 집 안을 모두 잊은 듯,

마디마디 묶인 전선 속에서
집마다 각자 다른 자세로 저녁을 맞는다

헝클어져 풀리지 않은 집들
좀처럼 송수신되지 않을 때
우리는 스위치를 끄고 각자의 방을 만난다

네트워크를 초월한 새와 풀벌레 울음은
자신만의 발신처가 있겠지만,

자체 반경에 마음이 묶일 수 있음을
증명해 보이려는 듯

불을 끄고 이내 가지런해지는 인형들

불 켜지는 무대란 다 전깃줄의 끝
그 밑에서 그림자들의 공연이 환하게 펼쳐진다

그 안에도 끝내 불을 켜지 못하는
마리오네트의 저녁이 있다

그녀는 옷을 벗어두고 떠났다

그것은
한 이틀 입었던 옷의 먼지와
묻은 때가 빠진 간극 아닐까

늘어난 옷
혹은 줄어든 옷
아니면 입었던 사람들 마음과 부피와 질량
그것도 아니면 복원할 수 없는 어떤 기억

커지는 것들의 본성은
최대치였던 한때로 돌아가려는 일
금세 촘촘해지는 강박증으로
안정을 튕겨내는 본능
귀소본능의 힘과 대결하며
빠지는 것들을 위협하는 적응 이상

며칠 앓고 난 사람이 핼쑥해져 있는 일도
함께했던 만큼 잔병이 몸을 붙잡아

끌고 나간 그 틈일 것
걱정을 입고 벗을 때마다
늘어나고 줄어드는 밀착된 몸의 척도

간극 끝에서
그녀는 옷을 벗어 두고 떠났다
사라진 몸을 불러올 수 없어
이 옷을 전해줄 수 없다

헌 옷을 들고 수거함으로 간다
동짓날이 올 때까지 한 땀 한 땀 뜨개질한
빨간 기억 하나를 가지고 온다

단추의 어원

단추를 매달린 추라고 읽는다

 한겨울 열려 있는 앞섶에 단추를 달고 옷깃 여며 바람을 막는다 추를 단 가슴에는 구멍 몇 개 사이로 들어오는 빛의 무게가 있어 틈을 메우고 똑바로 선다 단추는 중심에 모여야 산다 풀어진 구멍으로 들어오는 앞섶은 아찔해서 한쪽으로 기우뚱거렸다

 걷다가 놓쳐 버린 둥근 심중, 도르르 굴러 어디까지 갔을까 실밥을 끊고 사라진 기억들, 손을 놓은 추는 누구를 기다리고 있을까

 제자리를 놓치면 추가 기울어 틈이 벌어지고 간섭이 시작된다 추를 빠뜨리고 걸어온 길을 한참 되돌아간다 질량을 잃은 저울처럼 한쪽으로 기울어져 걷다가 수평을 잡아주던 눈빛들, 따뜻한 말을 가슴에 달고 한 올의 볕에 마음을 일으킨다

한 사람이 한 사람의 중심으로 공손하게 움츠러든다 비좁게 파고들어 허방을 메우고 때로는 명치가 되고 때로는 배꼽이 되어 펄럭이는 중심을 붙잡고 있다

 추는 단번에 중심을 잡는 법이 없다 몇 번의 왕복과 자잘한 떨림 뒤에야 어떤 무게의 중심에 머무르다 기어이 제 무게를 다시 허문다 무게의 중심을 구하는 것에 추가 머물렀던 그 잠깐을 빌리는 것이다

 앞섶이란 감정을 채근하는 자리, 울렁이고 흔들린다
 아침과 점심 점심과 저녁 저녁과 밤 사이 단추를 가지런히 달아 놓는다

 놓친 것들은 어둠 쪽으로 기운다
 매달린 추가 중심을 흔들 때

나사

박혀 있는 것들,
일자 아니면 십자다
한쪽으로만 빙빙 돌고 있는 것들이다

반대라는 말만 들어도 헐거워져서
바짝 긴장하는 것들이다
끝이 뾰족한 일들을 책임지고
그대로 버티라고 다그치는 중이다

나선은 땅을 파고드는 빗줄기 같아서
나사는 나무나 풀의 뿌리가 된다

처음 나사를 발명한 사람은
남아도는 고집을 버릴 곳을 찾다가
회오리 돌기를 발명했다

어떤 결심 앞에서 성호를 긋듯
십자 모양을 한 일직선들의 고집은

들뜨는 것들을 타이르듯
고정해 놓고 있다

오늘은 철물점이 쉬는 날
세상의 망치와 드릴이 함께 쉰다
일탈의 모임이 활발해
끝이 살짝 녹슬어도 괜찮다

라그랑주점*

세상엔 정지된 것들만
정지해 있는 지점이 있다
지구의 말로는 종종이고
지구 밖의 말로는
모르는 곳곳이다

우주엔 그런 곳마다
지구에서 벗어난 꿈들이 모여 있다
도시의 물결을 돌아다니다가도
저녁이면 라그랑주점으로 돌아오는 가족들

밀고 당김이 사라진 그곳에서
무중력으로 좌선에 든다
절대적인 쉼, 혹은 움직임

부유하다는 말이 어울리는 이들에게도

---

* 공전하는 두 개의 천체 사이에서 중력의 영향을 받지 않게 되는 평형점

라그랑주점이 있다
아나키스트, 어디에서도 만날 수 없지만
어디에서나 볼 수 있는
영원이라는 이름으로 등기하는 방랑자들

도시에는 라그랑주점이 없다
비움으로 치우침을 품는 집합 지점
라그랑주점이 되고 싶다
바람에 이리저리 떠도는
무소유의 검은 비닐봉지처럼

휴일의 뉘앙스

풋사과를 따라가면
토요일 지나 일요일에 도착합니까

휴일은 인간이 만들어 낸, 색깔
유일하게 소요逍遙를 품는

기계들은 색맹이지만
빨간 스위치와 하얀 스위치의 지시를
잘도 이행합니다

잘 익은 사과는 일요일입니까
라임은 월요일쯤 되지 않을까요

과일은 새들의 뉘앙스
색깔로 표시된 요일의 취향으로 새들을 교육합니다
씨를 옮겨 달라는 부탁입니다

빨간색 품귀 현상이 일어납니다

노을의 주가 지수가 폭등합니다
오래된 관례와 묵인은 어느 나라나 통용됩니다

색깔은 과일의 성씨입니다
무생물과 달리 눈을 피하는 빨간색
각자 숨겨놓고 증오하는 요일

주변 사람들 말투에서
색깔을 잘 살펴보기 바랍니다

지나치게 익은 어감이라면
당신의 휴일을 물컹, 터뜨릴지도 모릅니다

빛바랜 꽃잎처럼
요양원 침대에 누워 있는 엄마의 휴일은
언젠가부터 무채색이었습니다

질문을 닦다

질문을 손에 쥐고 한참 만지작거린다
이쪽저쪽 섞어가며 갸우뚱거려도
중심이 서지 않는다
눈알을 좌우로 굴려도
자꾸만 넘어지려 한다

질의는 섣부르고 답변은 성급하다
어눌한 부위에서 넘어질 뻔했고
약삭빠른 부위에서는 기어이 넘어졌다
그때마다 일어선 것은 태도가 아니라 마음
다시 질문을 펴보기 위해서였다

돌멩이에 질문을 하면
퐁당 소리를 들려주거나 동그란 파문을 보여 준다
제약 없는 질문의 경우
제한 시간의 독촉이 있다

정답과 오답을 옮겨 다니는 설문과 달리

대답의 한 짝은
왼발 오른발처럼 어색하고도 익숙했다
안경알을 닦듯 닦다 보면
초침을 끌고 다니는 질문의 일생이 보였다

의문만 모아 파는 책의 뒤편에는
대답만 모아놓은 별책 부록이 달려 있어
정답을 알게 되는 일은
질문을 통해 대답을 배운다

정답과 오답이 없는 무한한 세계
가장 어려운 질문과 답은
내가 나에게 하는 질문과 대답이다

제2부

광어

오늘도 사내는 광장에 납작 엎드려 있다
엎드리는 것이 천성이 아니었건만
낮은 곳에 의지해 목숨을 이어 간다

굴레 속에서 몇 모금의 동전으로 연명하는
바닥에 한쪽 눈이 붙어버린 사내
출구가 없어 다시 물속으로 잠긴다

어디에도 붙어 있지 못해 떠다니는 사람들
광장으로 모여 물결이 되고
바닥이 되지 않으려 아우성 친다

모든 걸 삼켜버린 바다에서 살아남기 위해
파닥파닥 바닥을 치고 몸부림치지만
생의 가장 무거운 밑바닥, 털고 오를 수가 없다

지느러미가 다 헐어버린 광어 한 마리
마지막 힘을 다해 물길을 거슬러 오를 수 있을까

명작

들판에서 산비탈까지
밭고랑에서 무논까지 이어진 기나긴 문장
가끔 쉼표 같은 헛기침이 있어
경작의 단락들이 계절의 땅에 섞이곤 했다

새벽 별빛 총총 울면 퇴비 한 지게 지고 사립문 나서는 아버지, 입이 큰 발채에 노을 진 뻐꾸기 울음 가득 싣고 돌아왔지만, 등에 얹힌 일곱 식구의 저녁은 여전히 헐거웠다 마침표를 찍지 못한, 퇴고할 수 없는 무릎은 각주조차 달 수 없었다

지게에 얹혀 있는 계절, 문맥을 이어준 것은 싸리로 엮은 둥글넓적한 발채였다 지겟작대기가 부지런한 동사라면 발채는 느슨한 보조사, 뒷산 진달래는 칙칙한 생을 울긋불긋 색칠해 준 형용사였다

첫걸음마를 뗄 때부터 아버지를 읽었으나 어떤 대목에선 난독증을 앓고 또 다른 문장에서는 한참 동안 서성이곤 했

다 더듬거리며 읽어도 끝이 없는 안타까움, 한 번도 제대로 읽어 내지 못한 책

아버지는 아버지 방식대로의 전집이었다 서슬 퍼런 서문에서 체념의 후기에 이르는 서사는 검은 수염이 흰 수염에 이르는 길, 슬하에 일곱 이야기를 완성한 장문長文이었다

문장을 져 나르던 나무지게가 헛간 앞에서 썩어간다 삭아가는 발채는 입을 다물지 못하고 주인 잃은 연장들은 녹꽃綠花을 피우고 있다

빨래 경전經典

먹장구름 골목을 휘어들어
낡은 바닥에 몸 꺾으며 돌아서는 달동네
옥상에 널린 옷가지들
힘껏 빨랫줄 당기며 날아갈 듯 펄럭인다
붉은 줄을 붙잡고 출렁이는
어두컴컴한 가장의 작업복
오랜만에 아이들 소매 부여잡고
빙글빙글 돈다, 춤을 춘다
놓친 손을 잡았다 다시 놓치는 동안
육 현 전깃줄에 몸을 부비며 떠는 바람
커가는 품 늙어가는 품을 기록하는 빨래 사이로
바람이 말을 달린다
저렇게 소박한 경전이 또 있을까
추위와 더위를 한 벌로 품는 색색의 경전
한 줄 바람에 한 몸이 된 식구들
옷 안에서 부대끼며 서로를 아로새긴다
그러니 옷을 입고 벗는 것은 깊은 일
옷 속에서 자라고 죽어가는 바람의 일

바람도 소맷귀 해지는 날이 오듯

몸을 벗은 옷들의 춤이 멈추자

비스듬히 그늘을 누이며

가파른 계단을 올라온 저녁

옷에 묻은 춤을 가만히 털어 낸다

유치의 시절

어릴 때는 좋았지
저절로 흔들려도 아프지 않았으니까
뿌리가 얕은 이의 틈을
혀로 갖고 놀다 보면 저절로 쏙 빠지던 일

생각이 짧아야 쑥쑥
자랄 수 있었으니까

흔들리는 유치乳齒
그때는 아주 작은 괄호 안에서도 자유로웠고
머리핀 하나로도
몇 개의 봄을 수집할 수 있었으니까

누군가 안부를 물으면 아픈 내색을 묻혀
대답해야 하는 앙다문 근황

오래 녹여 먹기에는 딱딱한 것들이 좋지
와.

그.

작.

깨뜨릴 수 있고 혀를 즐겁게 하지

이가 방심하는 맛이지

그래서, 그러니까

뿌리가 흔들리는 이

벌레 한 마리가

아주 오래전 유치幼稚원의 시절까지

길고 긴 구멍 하나를

실뭉치처럼 굴리며

지나가지

봄의 비탈에 마을이 있었다

산 1번지로 시작하는 사람들은
경사진 주소를 등에 지고 다녔다
옆집이 옆집을 붙잡고 견디는 마을
조금씩 침범한 측량 선으로 묶여 있다
옆집의 질문에 옆집이 대답하는
가늘고 낮은 말소리들

여차하면 굴러갈 주소들을
꽁꽁 묶어두거나 허리춤에 매달고 다녔다
그런 주소를 가진 사람들은 점점 가팔라졌지만
흐린 날엔 지붕을 달리는 폐타이어들을 손보곤 했다
아주 가끔 지인들이 양손 가득
봄 햇살이나 납작한 소식들을 들고 찾아오면
덩달아 따뜻해지곤 했다

번지수를 등에 지고 다닌
집배원들은 옆집과 옆집을 섞어 배달했지만
목련 나무나 우물가 허물어진 담이

서로 번지수를 대신했다

헉헉거리는 오르막을 껴입고 다닌 사람들

찢어진 봉지 난감한 속들이 흘러

저 아래로 굴러가곤 했다

제비들은 처마 밑이라는 주소가 있었지만

산비탈 아래 판잣집은 문패도 없었다

밤하늘의 별빛과 별빛을 이어 붙이면

꼭짓점마다 당신이 살고 그중 어딘가에

내가 살던 경사진 집이 있었다

우리도 쥐라고

천장에서 소리가 날 때마다
엄마는 그곳에 쥐가 산다고
사람보다 머리 위에 살고 있다고
시끄러운 비행기 소리 같다고

어느 날 엄마가 사실은 우리도 쥐라고 사람들은 모두 우리 발밑에서 산다고 높고 낮은 것에는 차이가 없다고 그렇게 쥐와 사람이 켜켜이 쌓여서 산다고 잘못 비틀면 쥐가 난다고 쥐도 새도 모르게 처리해야 할 일들이 생긴다고 그래서 쥐새끼만도 못하다는 소리를 들어도 싸다고 모두 쥐처럼 산다고

엄마는 늘 뒤꿈치를 들고 다니라고 쥐 죽은 듯이 살라고 원래 쥐들은 사람에게 들키지 말아야 한다고 쥐새끼처럼 빠져나가고 빠져나와야 한다고 절대 현관문을 열어주면 안 된다고 쥐약이 배달되어 올지도 모른다고

우리는 쥐구멍에 숨어서 동화책을 읽었다

반원만 존재하는 세상의 입구에 관한 이야기
송곳니가 쑥쑥 자라는 동짓날 밤에 관한 이야기
천장과 비누를 다 갉아 먹고 밤과 낮을 연결하는
전선 하나를 똑 끊어 먹는 이야기
평화롭게 사는 쥐들의 찍찍거리는 이야기

싸리나무

내 종아리에 싸리나무가 자라네
당신의 손길이 다녀간 날이었네
천방지축의 나이
주먹을 쥐고 이를 앙다물 때
여린 싸리나무 회초리가
흔들리는 중심을 잡아주었네
잔가지에 묻어 있는 그 기억을 만지면
참싸리꽃으로 환하게 피어나네
소쿠리와 채반이 되던 싸리나무가
몸에 스며들어 나를 걸러주었네
쓰디쓴 그 꽃 맛, 종아리에 새겨진 문신이
약이 되기까지 한참을 기다려야 했네
당신이 나의 싸리나무였다는 걸 깨닫고서야
내 여린 뼈가 단단히 여물어 갔네
여름이 지날 때쯤 뒷산에 피던 분홍꽃
사방에 널렸어도 지나치기만 했는데
싸릿대를 든 당신이 보이네
낭창낭창 휘어져도 부러지지 말라던 말씀

늙어 회초리들 기운조차 없어서
나는 싸릿대를 가만히 꺾어보았네
싸리꽃은 여전히 피어나고
밑줄 긋던 말씀은 내 몸에 붉은 꽃으로 남았는데
당신은 다시 피어나지 못하네
한 줌 싸릿대를 안고 산에서 내려오는
내 가슴에 싸리꽃 붉게 피어나네

당신을 미리 다녀왔습니다

어느 곳의 오후에 다녀오지 않겠습니까
그곳으로 놀러 가지 않겠습니까
따라온 뒤나 따라잡은 앞과 만나도 좋지 않겠습니까
모닥불을 피워놓거나 그보다 더 작은
안쪽 하나를 가져다 놓고
그곳에서 지구를 돌리지 않겠습니까

캄캄한 곳에 흐트러진 채
다들 집으로 돌아갑니다
어느 곳엔 여름용 오후와 겨울용 오후가 따로 있고
지루하긴 마찬가지입니다
그곳엔 짧은 밤과 긴 밤이 번갈아 있습니다
수십 번 뒤척인 밤과 내처 잠만 잔 밤이 있습니다

여기 철든 열 살의 내가 있습니다
이것은 좋은 일입니까 안 좋은 일입니까
오전과 오후를 구분하기도 전에
늙어버린 기분

상상과 공상이 없던 오후가 있고
당신을 미리 다녀왔습니다

언제라는 말도 이미 알고 있습니다
우리는 그곳에서 태어났고 그곳에서 죽을 것입니다
사라진 오후는 마흔 살을 지키고
어느 곳의 오후를 돌리는 지구가 열 살을 찾습니다
오후 뒤에 그림자가 비스듬히 눕습니다
나의 열한 살은 어디로 돌아가야 합니까

더 갈 곳이 없는 표정을 하고
오롯이 모여 낯설어지고 있습니다

타이르는 타일들

바닥과 벽에 타일을 깔고 있다
일정한 간격을 띄워가며 붙이는
타일의 무늬들

조금도 흐트리지 않고 이어 붙이는
저 찬란한 질서

시공이 끝난 타일들을 보면, 잘 타일러
반듯해진 얼굴 같다

너와 나는 어긋난 모양으로
타인이 되는 게 아니라
나의 끝과 너의 시작이 맞물려
우리가 되어가는 것

세상의 벽과 바닥엔 이미
일렬의 타일이 깔려 있다

수영장에는 네모반듯한 물이 첨벙거리고
수도 없는 타일이 붙여진
사각의 영법泳法들이 둥둥 떠 있다

타일을 깔아놓은 자리에 누우면
당신은 규칙적인 꿈을 꾸고

때로 일부이면서 전체가 된
세상의 수평과 사랑스러운 각이
이곳에 나란히 있다

삼강 주막

육자배기 걸쭉한 삼강주막
낙동강 칠백 리를 팔며 늙어가는 주모
삼강나루 건너는 보부상과 사공들에게
낙동강 붉은 노을을 찌그러진 주전자에 담아 팔았다

부슬부슬 빗줄기를 받아내는 초가지붕 아래로
굽이굽이 물살을 타고 오는 사람들
뱃노래를 곁들인 컬컬한 막걸리 몇 대접에
다시 구불구불 흩어졌다

오이 냄새 향긋하던 오뉴월이면
은어 안주 푸짐하게 내어주는 주모
물 흘러가는 데 이유 있더냐며
한 상 차려 내놓던 삼강주막
백 년을 흐르며 낙동강을 지켜왔다

가뭄에도 술동이를 크렁크렁 넘치게 채웠고
반찬도 듬뿍듬뿍 담아 손님이 들끓었다

홍수가 범람하는 날에는 탁배기 몇 사발 들이키며
낯모르는 사람들 호롱불 앞에 둘러앉아
저마다의 빗줄기를 추적추적 풀어놓았다

강물이 거칠어 뱃길마저 끊어지면
시큼하게 농익은 막걸리 냄새 더욱 짙어지고
황토벽에 부지깽이로 기록한 외상장부와
굽이굽이 흐르는 물살만 두툼해져 갔다

칠백 리 물길도 그렁그렁 쉬었다 가는
회화나무 백 년 그늘

주모는 어디로 흘러가 주막을 내었을까
외상장부 빗금처럼
낙동강 삼강나루에 비가 내린다

구석에는 굳은살

어느 한쪽이 결리는 것은
웅크리고 있던 것들이 제힘을 다해
끙, 일어서기 때문이다

잘난 곳이 없으니 잘난 면도 없고
그다지 못난 것도 없을 텐데
불시에 불끈 일어서는
이 구석은 어떤 구석일까

가끔 거울 뒤편이나 소파 바닥 같은 곳에 질문이나 대답을 놓아둔다 혼자인 것들을 숨기는 데는 그만한 자리가 없다

코너에 몰릴 때마다 코너를 찾는다
따지고 보면 엄마 뱃속도 구석진 구석
나를 아는 유일한 곳이었다

바람의 귀퉁이를 본 적 있다 찢어진 과자봉지와 은행잎과 나무젓가락, 포장지가 한데 모여서 바람의 외진 곳을 돌아

막다른 역풍을 막고 있었다 바람도 구석을 좋아하는지 골목 한쪽으로 기울어져 있었다

    저녁 하늘도 서쪽이라는 구석을 사랑해
    한쪽에만 모든 걸 걸어 둔다

    붕붕 바람의 모서리에서 겉도는 소용돌이
    어둠이 모인 곳에 나를 구겨 넣으면
    찔리는 안쪽도 몇 군데 있다

    굳이 골라낸다면 모서리 여러 개를 보여줄 수 있지만
    나는 오늘 팔꿈치의 각질에 머물며
    조금 더 딱딱해지기로 한다

제 3 부

시드는 혹은 시 드는

심장에 금이 간 엄마

당신이 종이에 꾹꾹 심어놓은 활자들
시는 물 한 모금 마시지 못했다

시는 키가 줄고
허리가 휘어졌다

바람에 시드는 혹은 시 드는
시가
백지에 발자국을 남겼다

엄마가 꽃을 업고 들어간
흰 땅

올해도 치자꽃이 피었다
꽃밭에 등을 보이고 피어 있는, 엄마

비누의 예의

얼굴을 씻어내는 동안 눈을 꼭 감는다

미끄러운 것들은 바깥에 있고
바깥은 서서히 닳고 있으니까

얼굴에 달라붙어 있는 것들
뻔뻔스러움이든 가면이든
깨끗하게 씻어낼 수 있다고 믿는 오만

표면을 스치듯 관계를 유지해야 한다면
비누의 중력이 딱 맞다

얼굴에 묻어 있는 감정들
굳어지기 전에 제거해야 한다면
어디에도 고정될 수 없는
미끄러움이 제격이다

서로 스치듯 지나쳐야 한다면

비누의 예의가 맞다
거품이 거품을 걷어내는 방식

함부로 쥘 수 없던 사이가
냄새만 남겨두고 사라지듯

길 잃은 문장 위를 걷다

서점 주인은 매번
표지 없는 책들을 모아 주었다

누가 뭘 물으면
제목 없는 대답을 내놓는다

겉장이 없는 책은 부드럽고 말랑해서
염소에게 한 장씩 떼어주면
연한 줄거리부터 맛있게 먹어 치웠다

마치 이쪽저쪽도 없고
네 편 내 편도 없는 방향 같은 것
온순한 바람이 넘기기엔 더할 나위가 없었다

그 후론 누가 나를 물으면
앞도 뒤도 없는 사람이라고 대답하는데
중얼거리다 보면 어느새 안녕,
마지막 구절에 닿아 있었다

제목 없이 지구를 떠도는 나는
마침표를 굴리며 끝없이 헤매는 나는

오래전 길을 잃은 문장
거꾸로 읽어 뒤로 걸어야 했다

이후, 라는 문장

종이를 구기면
나무의 비명이 들려옵니다
아무것도 쓰여 있지 않은 종이에선 더더욱
북쪽을 편향하는 나무의 울음을 듣습니다
아마도 나무는 오래전 울음을
나이테에 새겼을 것입니다

여름 숲은 제지 공장의 월요일 같습니다
꽃과 나무의 기형은
비극을 저술해 놓은 문자입니다
열매가 달린 나무는
잼이나 시럽을 만드는 안내서
거기 사는 짐승들은 백과사전을 증언합니다

잎사귀가 된 울음에 밑줄을 긋고
꽃의 비명을 받아 적습니다

오늘은 종이 앞에 펜을 들고
접힌 계절을 풀어 봅니다
나무의 아우성을 소리 없이 받아씁니다

종이가 된 나무는
이후, 라는 문장을 처음부터 알고 있습니다
비명을 지르고 난 뒤
구깃구깃 주름을 얻어도 슬퍼하지 않습니다
처음 뿌리의 언어를 가르쳐준
흙과 바람과 태양의 목소리가 들리지 않습니다

이응이 굴러간다

이응은 공기를 가둔 오래된 감옥이거나
딱딱하게 굳은 동그란 운동장 같아서
세상의 절반쯤 되는 거리는 다
굴러가는 방식으로 쓴다

몇 개의 이응이 섞인 이름으로 돌아다니다 여기까지 왔다
때론 애드벌룬처럼 멀리 띄워 보내려 밧줄로 묶기도 했다

누군가 태양이나 달에 묶인 회전을 뚝 끊어 놓지 않을까
그러면 낮과 밤이 제멋대로 바뀌지 않을까

쥐가 갉아 먹기 좋아하는 이응, 지구의 많은 종자가 씨앗의 형태로 채택한 이응, 그건 태양이나 달을 배운 덕분이다

경적들도 빵빵 굴러가고 있다 자두나무가 달리고 이응이 넘쳐나는 계절

몇 개의 씨앗이 브레이크를 밟는다

응응, 공중과 높은 가지에 매달린 답
응응, 부드러운 소리가 탱글탱글 쌓이면
이응은 아이들을 몰고
저 먼 일생의 끝까지 달려간다

곰보꽃게거미

초원의 바닥에서 살아가는 거미
하늘가에 집을 지어보는 것이 소원인데
건축 자재가 담긴 꽁무니가 텅 비었다
배회성徘徊性이 전부인 그는
풀밭이나 꽃 속에 숨어
먹이를 찾는 기다림으로 잔뼈가 굵었다

거친 들판에 떠돌다 휘몰아치는 바람에
살점이 떨어져 나가기도 하지만
깊이 파인 검은 무늬
곰보라는 치명적인 이름은 떨어지지 않는다
천형처럼 지고 갈 운명
누군가 이름을 부를 때마다 붉게 피어났을 통증

찬란한 꽃무늬에는 음모가 숨어 있고
매복만이 찰나를 만든다
피비린내는 화려한 색채에 지워지고
꽃으로 태어난 오묘한 자태

게의 피가 섞인 다리로 재빠르게 기어간다

혼혈의 생이 뒤집어쓴 낯선 멍에
시린 지상을 견디며
깊은 산 바위틈에 홀로 살아간다
바다와 육지가 섞인 야릇한 이름으로
하늘 반대편에서 사는 곰보꽃게거미
곰보란 딱지에 서리가 묻으면 긴 다리로 털어 낸다

떨어지지도 지워지지도 않는 검은 딱지
응어리로 남아 그림자처럼 붙어 다녀도
생의 끝까지 감당하려는 몸속엔
바다와 육지를 품은 뜨거운 심장이 있다

숫자의 엉뚱한 휴일

 숫자 하나를 표현하는 여러 가지의 명칭이 있다 2라는 숫자 우리 말 표기는 둘, two라는 영어 표기와 二라는 한자 표기 외에도 온갖 언어로 된 표기법이 있다

 달력은 처음이건 중간이건 끝이건 필요한 곳마다 숫자로 나타난다 묶음과 낱개를 위하여 단뿌을 위하여 piece를 위하여 척尺과 centimeter를 위해 계산과 기록을, 학습과 분쟁과 조정을 가리지 않고 달려간다

 한자식으로 모든 숫자를 사용한다면
 아라비아 숫자는 하루쯤 쉴 수 있을까

 툰드라에 사는 이누이트족 숫자에도
 세상을 재는 척도의 기회를 주고
 소수 민족들의 토착어에도
 공통 언어가 될 수 있는 땅을 마련해주는 것

 모든 게 여의치 않다면 우주의 별들을 일컫는 말, 세상의

모래들을 일컬을 때 빗대는 말 그런 말들에게 맡겨 놓고 공용의 숫자들은 쉬게 한다

  언제 어디 무슨 일이든 0순위
  맨 앞이나 맨 뒤도 알고 보면 0순위
  그러니 나의 모든 숫자에
  의자를 내놓는 일을 꿈꾸어 본다

책의 유령들

역사책이 사라졌는데
제목과 저자를 기억하십니까
책장 주변에 새로 발견된 지문은 있습니까

영어책을 찢어 동그랗게 뭉쳐
아주 먼 곳으로 던지면
그건, 활자들의 은퇴식입니까

글자들을 구기면 작은 덤불이 됩니다
바람이 사나운 나라에서 묻어온
외래종일 가능성이 큽니다

언어들이 포식자에게 위협을 받을 때마다
서로 뭉쳐서 피시 볼fish ball을 만듭니다

책을 없애기 위해서는
낱장으로 뜯어 흩어놓은 뒤
양 천 마리를 풀어

글자 뿌리까지 씹어 먹게 해야 합니다

누군가 없애버린 그 책은
다급하게 부르는, 불러야 하는 호명들을 모아놓은 우리
사라진 페이지의 나를 기억해 냅니다

떨어진 새를 수리하는
그 작은 책의 혁명,
한 장씩 넘기던 바람의 일독마저 사라지는
적멸의 밤입니다

봄의 유목遊牧

삽자루 같은 손잡이가
속도에 흔들린다
오늘도 몇 개의 구덩이를 만나고
몇 개의 탑을 쌓았을까
빛바랜 종잇장 같은 사내의 보행
그저 어둠에 사그라드는
숨 고르기만 있을 뿐
미처 내려놓지 못한 노동을 들고
허물어지는 허공 속을 걷는다
날은 어두워 둥지는 보이지 않는다
저 멀리 빗금을 긋는 별 하나에도
날개를 접어야 사는 유목민들
혼돈에 멈춰 선 기억들도
잠시 반짝이다 사라진다
봄이 골목으로 걸어와 기웃거리면
사내는 둥지를 떠나야 한다
갈 곳은 보이지 않는데
봄을 비워야 한다

정수리를 겨냥한 겨울은 과녁에 적중한다
모처럼 안장鞍裝한 자리에 머리가 보이고

그곳에 깃털을 묻었다
봄이 부르는 그곳에서
바람의 고삐에 끌려 그는 떠나고
둥지에 금이 가기 시작할 즈음
새들은 서쪽을 향해 날아오른다

봄바람

당신은 늘 들떠 있습니다
몇 개의 마음을 돌고 돌아
동정과 멸시에 세 들기 좋아했습니다
알고 보면 문 안과 지붕 밑은
봄날의 꽃 그늘처럼 붐빕니다
잠의 기둥을 꼭 잡고 잠든 사람
바람에 날리지만 바람과 붙어사는
봄비의 한기가 비집고 들어가
거친 숨을 덜덜 쉬기도 했던 당신은
어쩌면 민들레과科거나
박주가릿과일지 모릅니다
그렇다고 대책 없이 날아가는
모자의 일종은 아니어서
묵묵히 생각을 지키며
정착의 한때를 걱정하기도 했습니다
한 번도 모자에 종사한 적 없는
당신은 비정규직으로 들썩거렸습니다
출근부 목록 어디에도 이름이 없습니다

분주하게 여닫히던 당신의 문이

오늘은 조문弔問으로 고요합니다

알고 보면 마지막은

혼자서 들뜨고 싶은 모양입니다

파랑의 3중주

출렁임을 불안으로 읽는다
야수처럼 밀려오는 파도를
화폭으로 끌어들인 화가의 붓끝에서
파란 물감이 번지고 있다

바다가 철썩거리자 색채가 긴장하며 떠는
파랑은 파란, 크고 작은 물결
거친 파도에 밀려 떠내려간 사람들은
표류를 끝내고 정박했을까

돌부리에 차인 발가락도
넘어진 무릎도 푸른빛이었다
수없이 무너지던 절벽도 파랑
난간에 매달린 나무도 파랑으로 물들었다

자동차가 중앙선을 넘어 질주할 때
쿵쾅거리는 심장도
엑스레이도 푸른빛이었다

파도 비상구에 앉은 803호 여자
파랗게 물든 눈두덩을 날계란으로 문지르고
파고의 흔적은 계란으로 파랗게 번진다

여자의 가슴에 파랑 주의보가 다녀갔다
멍든 시간은 붉으락푸르락
밀려오는 저 바람을 누가 잠재울 수 있을까

불안한 파랑, 숨 막히는 파랑
여자의 눈엔 오늘도 거센 바람이 분다

바람 무늬

커튼엔 바람의 발자국이 남아 있다

무늬는 시간이 새긴 문체
빛바랜 커튼엔 강을 건너온 젖은 발과
밤새 지붕을 두들기던 빗소리가 들어 있다

작은 창을 지키던 커튼 한 자락은
밖을 내다보던 목발의 쓸쓸함을 알고 있다

절뚝이던 아이는 어느 바람결이 되었을까

늘 잠겨 있던 창틈으로 눈을 넣던 공포는
유난히 반짝이던 검은 눈동자를 가지고 있었다

새들이 창가에 물어다 놓은 저녁
어둠이 다녀간 자리에 소리 없이 스며드는 뿌리들

커튼에 뿌리내린 무늬는

풀 수 없는 매듭이 되고
읽을 수 없는 문장으로 벽에 걸려 있다

낡아가는 집 속에 펄럭이는 바람 무늬
눈동자 속으로 뿌리내리던

매듭

관을 삼킨 화구의 문이 닫힌다

일생이 닫힌다

"지금은 화장 중입니다"

뜨거운 매듭을 붙잡고 유족들이 운다

아직도 끊어지지 않은 매듭

매듭들

제4부

사파리 공식

　가방이 입을 벌리면 내장 없는 뱃속이 보이죠 이빨은 숨기고 등가죽에 열대의 흔적은 선명하게 잘 볼 수 있게 드러내죠 흙탕물에서 놀던 기억을 지우고 다시 태어나면 몸값이 올라요 악어 한 마리씩 들고 다니거나 비단뱀을 옆구리에 끼고 다니는 사람들로 사파리룩의 도시가 되곤 하지요 뜻밖에 겁 많은 여인들이 사나운 악어가죽을 쓰다듬거나 징그러운 뱀의 가죽을 사랑하죠

　가장 무섭고 혐오스러운 것들이 죽으면 동경을 받는 이상한 공식이 이 도시에서 성행하고 있어요 더러는 가방에서 소 울음이 흘러나와요 뿔이 사라진 울음은 그다지 비싸지는 않아요 가방에 여우의 털을 매달거나 밍크로 장식하면 한층 멋스러운 패션으로 외출은 당당해져요 도시는 갈수록 세렝게티의 초원으로 변해가요

명왕성 유일 전파사

흑백텔레비전에는 명왕성冥王星이 들어 있다
어쩌면 모든 가전에도 있는지 모른다

 목숨 다하면 망가지는 것이 아니라 제 몫을 못 하는 것이 명을 다한 거라고, 별명이 백과사전인 그 사내 모르는 게 없다 빛나는 지구도 저 없으면 돌지 않는다고 사십 년 기름때 묻은 공구함을 가리킨다 바닥에 엎드려 기술을 익히던 무릎, 페이지가 너덜너덜해지도록 달달 외우던 공구들 이름마다 알파벳이 벗겨져 반들반들하지만 자기 뼈처럼 자유자재로 다룬다

 닷새마다 망가진 것들이 몰려드는 난전亂廛, 지문이 닳도록 눌러 헐거워진 버튼, 빠져나오지 않는 중고 카세트테이프를 어깨너머 기술로 척척 고쳐 낸다 스프링을 갈아 끼우자 사라진 가수를 불러내는 카세트 녹음기, 구성진 노래가 전파사 앞을 환하게 닦아 놓으면 골목에 아침이 밀려온다

 웃음 사라진 이웃에 막히고 끊어진 것을 풀고 이어주면

목소리를 되찾는다 녹슨 심장에 균열이 시작된 건넛마을 이웃사촌까지 다정한 눈길로 땜질하고 막걸리 한 잔 따라 주면서 다독다독 고친다

   십자와 일자, 플러스와 마이너스만 있으면 퇴출당한 명왕성도 거뜬히 고친다는 명왕성 유일 전파사 그 사내

   봄날, 고친 카세트 들고 집으로 가는데
   흥겨운 듯 절절한 트로트가
   막 돋아난 이파리처럼 뒤를 따른다

타래난초

꽃으로 공중을 잇는다고 믿어요
식물은 서로 타고 올라가는 계단이니까요

소음 하나 없이도
여름을 한 칸 한 칸 쌓아가는 것을 보면
경이롭기까지 하죠

지구에서 잇는 일만큼 중요하고
소중한 일이 있을까요

꽃은 그 많은 산과 들
강을 이으며 지구를 감싸 안죠

절기들이 쌓여 한 해를 이루듯
꽃도 제 몸을 배배 꼬아 올리면서
생을 완성하고 싶었을 거예요

사람의 문자로 숲이라고 쓰거나

나무라고 쓰면 꽃은 다 읽어 내죠

향기를 통해 읽어가는 방식은
어떤 존재보다 아름다워요

비상계단 같아서
공중을 비틀면서 올라가요

식물의 기술을 익혀야 해요
뻣뻣해진 몸을 좌우로 틀면서
자전하듯 허리를 돌려요

소나기와 손아귀

그가 소나기처럼 다가왔을 때 나는 두 팔을 벌렸다
순간, 손아귀 속으로 새가 날아들었다
큰 빗방울이 지나간 손바닥에는 지도처럼 여러 갈래 물길이 나 있었다
소나기가 새 소리를 몰고 어딘가 흘러가고 있었다

뻗어가지 못한 먹구름은 도시를 쏟아낼까 궁리하기도 전에 나는 손가락을 접었다
내가 받아 안은 것은 소나기일까 손아귀일까
날개 없는 사유들이 파닥였고 소나기의 심장 박동이 불안해졌다
소나기는 더욱더 세차게 주먹을 쥐었다

손금에도 벼락의 무늬가 새겨졌다
빗줄기에 도착해야 할 지도가 있어 갈래 길에서 구름이 손아귀를 움켜쥔다
접었다 펴니 가파른 등고선이 만들어졌다

번개는 어느 소나기가 만든 기미機微일까
내가 들은 것은 손아귀에 딱 맞는 소리가 아니어서
천둥이 흘러내리고 오후 두 시는 흠뻑 젖는다

덩굴장미는 입술을 떨고 있다
가시가 없는 나는 더 많이 울먹였고 더 많이 움츠러들었다

빈손에 쩍쩍 벌어진 가지들이 새를 놓쳐 버리고 제자리를
맴돌고 있었다
한낮을 펴보니 빗소리가 새소리가 되었다

지나가는 소나기는 손아귀에 박히고
손안의 새는 물방울을 낳는다
물방울이 깨지지 않도록
나는 손을 둥글게 말고 당신이 사라진 방향으로 달린다

북극곰

거대한 유빙 넘어 눈 덮인 침엽수에도
검은 발톱이 있어요 공중을 할퀴는
우듬지에서 구름이 긁혀 나와요

냉장고 열면 검은 내장이 쏟아져요
몇 달이 지난 무관심이
발등을 간신히 비켜 어슬렁거려요

식욕이란 순백의 앙상함,
빙하는 새끼 곰을 잡아먹어야 하는
분열을 겪고 있어요

오후에 펼쳐지는 먹이사슬은 엉망
하늘과 맞닿은 서쪽부터
마구잡이로 피의 포획이 시작되죠

백야의 천적은 불면이에요
지구는 밤새 털을 곤두세우고 있어요

지평선이 저녁놀을 삼키면
인공위성은 별들의 포식자죠

백야는 둥둥 떠다니는 고립일까요
유빙은 잘게 조각나고
그 틈에서 처진 내장을 보이죠

멸종에 던져질 때가 올 거예요
버려진 냉장고처럼
지구가 좀 더 기울어져요

동면에 태양의 기도가 없어도
두 발을 모으고 하늘을 올려다봐요
백야를 자처하는 네온이
겨울을 사육하고 있어요

실금

나뭇가지와 나뭇가지 사이
둥그런 실금이 뭉쳐 있다

누군가 저 투명한 공중을 깨고
빠져나가려 한 듯한데
근처엔 깃털도 피 한 방울도 없다
아무도 저 실금들을 이으러 오지 않는다

동료들은 탁구를 쳤다
오늘만 해도 여섯 개의 탁구공이
빨갛고 둥근 탁구채 속으로 사라졌다

한 번도 여닫은 적 없는 저 공중
누가 그 속으로 숨었을까
바닥은 주인이 있고
어제만 해도 몇 사람이 굴뚝 위로 사라졌다
그리고 계단은 치워졌다

공중을 들이받고 싶을 때
저 실금에 걸려 파닥거리고 싶을 때
그래서 지긋지긋하게 남은
어정쩡한 힘을 다 쏟아내고 싶을 때
그때 보았다

발이 여럿 달린 가장家長이
줄에 끌려 올라온 도시락을 먹고 있었다
깃털도 피 한 방울도 없이

화석化石

바닷가에 물고기 뼈가 널브러져 있다
꼬리지느러미만 남아
죽음을 넘어 이곳까지 왔다

가시를 뱉어내는 모래밭
서쪽으로 수평선이 기운다

획을 긋기 위해
누구나 하나쯤 가지고 있는
젖어도 찢어지지 않는 꼬리지느러미

뼈는 물 위에서 노숙했던
크레타 부족의 기호
미처 남기지 못한 유언
동굴 속 벽화로 새겼다

마지막까지 놓지 못한 꼬리
무슨 말을 남기고 싶었을까

물결의 추모사가 미끄러진다
알 수 없는 발음들
손짓, 발짓을 거쳐 거품으로 태어난 문자들
뒷걸음질로 적어둔 말이 지워질 때

뼛속 깊이 감춰둔 한마디
젖어버린 유언을 어떻게 읽어야 하나
살과 피를 발라버린 앙상한 갑골문자가
파도에 몸을 뒤집는다

지리산

바람에 골짜기가 술렁이는 것이 아니다
안개에 능선이 출렁이는 것도 아니다

수만 장의 이야기를 품고 있는
장엄한 대하소설
뭇 생명이 매달리는 곳
사람이 들면 사람을 살리고
짐승이 들면 짐승을 끌어안았다

티끌 하나 묻지 않은 천년의 바람도
한때는 피로 물들었다
궁지窮地에 몰린 거점들은 스스로
상처투성이 가슴을 내어주는
무수한 염원들의 집산지가 되었다

골짜기의 고요가 폭포로 모여들 때
기도는 토굴 속에서 떨고 있었다
산은 소리를 모아 산을 세우고

기도는 기도를 모아 목숨을 이었다

캄캄한 밤 손끝 더듬이로 쓴 일곱 권의 산
곳곳에 숨어 있는 질곡의 사유
이야기의 이야기를 더해 높아지는 산

가파른 사연들을 말없이 안아주던 산
한순간도 절필한 적 없었다
이념의 거친 봉우리도 완만해지고
지리산 골짜기 거센 바람이 숨을 고른다

은어 떼 올라오는 섬진강 물줄기 먹물 삼아
아직 못다 한 역사를 쓰고 있다

파문을 건지다

물속으로 가라앉은 파문이 있다면
물 밖은 몇 배나 많은 수문水紋으로 분주해진다

꼬리를 감추는 무늬들은 양서류일지도 모른다

물속으로 걸어간 사람은 없는데 물속에서 걸어 나온 파문이 있다 그때 가슴속에 들어간 파동은 지울 수 없는 무늬로 새겨졌다 강가에 있는 나무들은 물그림자를 먹고 산다 누군가 마지막으로 지른 외마디 비명, 겁에 질린 표정과 바람의 흔적까지 나무는 차곡차곡 제 몸에 새겨 넣었다

며칠 떠돌다 나무속으로 들어찬 물안개
양파 같은 달도 맵게 여물어 간다
중심을 잃은 파랑波浪은 흐릿하게 나무의 궤도를 돈다

잠잠한 수면은 때론 난폭하다
물이 되어가는 사람에게서 쏟아져 나오는 체취를 일시에 제압한다

가시처럼 박혀 있는 멍울이 물가로 번지자
강가의 나무들이 발가락으로 건져 올린다
물 밖으로 걸어 나온 늪의 시간
개구리처럼 웃음을 부풀리는 본능을 갖는다

낚싯대를 드리운 노파가 물속의 풍조風潮를 지켜보고 있다 분주한 밖이 퍼 올리는 깊은 파문, 무거운 소리는 메아리로 흩어졌다 수많은 물고기와 죽음이 태어나는 바다

나무는 물에서 빠진 것들을 모두 기록해 두었다
나뭇결을 볼 때마다 그곳에서 파문을 본다

구름의 순장

하관下官에 맞춰 비가 내렸다
깊은 지하로 빗물이 떨어지자
몇몇이 비닐을 가져와 관을 덮었다

뚝 끊어진 필름은 말이 없고
소나기처럼 뛰어다니던 유족들이
나무 밑으로 피했다

그 사이 몇백 년 깊이의 땅속으로
빗물이 순장되었다

과우過雨같은 생애
한 번 끊어진 목숨은
침묵으로 용서받고 용서되는 갈래

어떤 소리에 맞춰야 하는지
뻣뻣한 관이 울음을 깔고
젖은 땅속으로 내려간다

어제가 묻히고 오늘이 관 밖으로 나와
새로운 생을 기록하고 있다

평생 써 내려간
그의 일생엔 폭염과 폭언이 난무했다

초여름 구름 몇 장
부조하듯 빗줄기를 부장품으로 넣어주고
이내 별일 아니라는 듯
벚나무 그늘엔 버찌만 뚝뚝 떨어지고

열람용 봄

식물엔 식물들만 아는 정확한 날짜들이 있어
꽃피고 지는 일만큼 확실한 기록은 없을 것 같지만
사실, 꽃들은 모월 모일 같은 날짜를 품고 있어

이파리 돋는 시간
봉오리 맺히는 시간

활짝 피는 시간을 나비와 벌들은 기척만으로도 알 수 있어
관객으로 늘 초대받지

들녘 전시관은
제비꽃이라는 날짜, 민들레라는 날짜, 엉겅퀴라는 날짜를
즐겨 쓰지

흐릿한 흑백사진의 시간을 대체품으로 사용하는 날짜에는
또래가 모여 찍은 단체 사진 속 같은 종류의 웃음들이 있어
열람하고 싶은 봄이지

아무도 모르게 지구가 살짝살짝 흔들리고
태양이 지구의 춥고 어두운 통점을 슬쩍 껴안으면
봄은 활짝 열리지

그러니, 잠깐만 들여다보고
빨리 눈을 떼야 해
그 눈감은 사이로 온갖 꽃들의 낙화가 시작되니까

가끔은,
갸웃거리는 시차들이 섞이기도 하지만

자루 이야기

티베트 천장天葬 터
실려 온 관棺은 고작
웅크린 자루 하나

체면만 겨우 가린 자루
오토바이 뒷자리에 짐짝처럼 실려
구름 중턱까지 왔다

잘 풀리지 않는 매듭을
한참이나 푸는 천장사
꼬이고 꼬인 저승의 길
이승의 방식으로 풀기에는
매듭이 너무 질기다

구름을 벗긴 오전이
태양을 슬그머니 꺼내놓는다
웅크린 시신을 꺼낸 빈 자루
유족에게 돌려준다

생전의 망자는 저 자루에 칭커*를 담고
소금을 사서 머리에 이었다
올해는 흉년이라 자신의 일생을 담았다

불룩한 부피의 생애였다고 여겼지만
자루를 여밀 만큼은 남겨 놓았다

물과 칭커 가루를 개어
주린 속을 달래는 천장사
비루鄙陋와 해탈解脫이
한 가지 맛이다

---

* 티벳에서 재배하는 고산 쌀보리.

단 하나의 방

세상 끝에서
새로운 길을 열어 궁극窮極을 채워
흙으로 닫아건 봉분

완벽한 고립무원의 맹지
창 하나 없는 완전한 자유
주고받는 말이 없는
한 길 반의 독백

건축의 시작은 터를 정하는 일
울음 한 채가 설계한 애도의 공간
오로지 흙에서 흙을 부릴 뿐
편법은 허용되지 않는다

  지관의 손짓을 따라 바람과 물의 방향을 살피고 쏟아지는 햇빛의 각도를 잰다 목관 치에 맞춰 크기를 재고 땅속 깊이를 가늠할 때 생전, 지난했던 꿈의 내력도 더는 흔들어 깨우지 않을 잠과 함께 묻힌다

추임새 따라 다져지는 달구질
추위도 더위도 들어올 수 없다

꾹꾹 눌러 담은 생전의 고봉밥처럼
수북이 올린 반구형 지붕

두 다리 뻗기에 좋은 단 하나의 방
세상 뒤편으로 돌아누워
독거가 시작된다

해설·시인의 말

해설

투시적 관찰의 놀라운 힘

방민호(서울대 국문과 교수, 문학평론가)

1

 김향숙 시인의 시집은 관찰자적 시선의 놀라운 힘을 보여 준다. 시라는 것이 현상에 머물지 않고 본질로 돌아가려는 노력을 표현하는 것이라면, 이를 위해서는 먼저 관찰, 대상에 시선을 고정해 본래의 의미를 발견할 수 있어야 할 것이다. 최근 필자가 본 시들 가운데 이 시인의 시들처럼 관찰다운 관찰을 보여준 사례를 본 적이 없었다.
 다음의 시「방울이라는 바퀴」를 가지고 이 문제를 먼저 생각해 보기로 한다. 이 시는 '빗방울'을 응시한 '결과'를 언어로 옮긴 것이다.

  빗방울이란 이름

그건, 땅에 떨어지는 순간에만 얻게 된다

아주 짧은 순간을 일컫는
일그러지고 부서져야 얻게 되는

바람과 허공이 하얗게 부푼 민들레 속씨 뭉치처럼
빗방울도 날아다니는 항목들이다

바다에서 날아올라
구름 꽃으로 피었다가
당신에게 내려앉는다

오랜 시간 빗줄기로 내려오면서
동그랗게 뭉쳐지는, 짧은 순간 이름을 얻어
깨어지는 바퀴가 되어 흘러간다

순간은 빗방울처럼 위태롭다
그것들은 미끄럽다
창문에 동그랗게 붙어서
무수한 눈동자로 들여다보고 있다

방울들이 떨어져야 하는 곳이 있다면
그건, 바닥에서 얻게 된

이름들이다

동그랗게 뭉쳐져서
아직 깨지지 않은 것 몇 개를
눈동자로 쓰고 있다

—「방울이라는 바퀴」, 전문

　시인은 "빗방울"은 "땅에 떨어지는 순간에만 얻게 된다"는 첫 문장으로부터 이 시를 시작한다.
　생각해 보면 과연 그렇다. 우리는 빗방울을 그것이 공중에 머무는 순간에는 의식하지 못한다. 그것은 우리의 머리나 손등이나 풀잎 위에 떨어져 부서지는 순간에만 "빗방울"이라는 이름을 얻을 만한 명료한 형태를 그려내며, 바로 그 "아주 짧은 순간"에, "빗방울"은, 그 이름에 걸맞은 형태를 그려내는 바로 그 순간에, 바로 "일그러지고 부서"지고 만다. "빗방울"은 바로 그 순간의 이름이며 완성되는 찰나에 바스러지고 마는 이름이다.
　이를 시인은 다섯 번째 연에서 이렇게 노래한다. "오랜 시간 빗줄기로 내려오면서 / 동그랗게 뭉쳐지는, 짧은 순간 이름을 얻어 / 깨어지는 바퀴가 되어 흘러간다". 과연, 그 찰나의 바스러짐에 비하면 하늘에서 이 파옥(破玉)의 순간을 위해 떨어져 내리는 시간은 '길고 길다'. 또한 "동그랗게 뭉쳐지는, 짧은 순간" '빗방울'로서의 시간은 마치 그 칼나에 비스러진 옥과 같이

흩어져 버린다. 빗방울은 바닥에 와닿는 순간 "깨어지는 바퀴가 되어 흘러" 가버리고 만다.

어떻게 시인은 이 "빗방울"의 찰나를 포착할 수 있었던 것일까? 이는 놀라운 관찰력, 그보다도 직관적 투시의 힘이라 할 수밖에 없을 것 같은데, 이와 관련하여 필자는 고흐가 그린 해바라기에 관해 논했다는 D. H. 로렌스의 언설을 떠올린다.

작가 로렌스는 독특한 의미에서의 리얼리스트여서 관념적, 사회적 리얼리즘이 포착하는 현실과는 전혀 다른, 존재의 나상에의 발견을 추구한 사람이었다. 고흐는 해바라기를 여러 번 그렸는데, 그가 그린 것은 해바라기의 무엇인가를 로렌스는 물었다. 화가들이 무엇인가를 그릴 때 그들은 무엇을 그리는가? 어떤 꽃을, 인물을 그린다면 그는 무엇을 그리는 것인가? 그 꽃이나 인물의 외관인가? 그 겉모습에의 인상인가? 고흐는 다른 무엇이 아니라 해바라기인 것, 해바라기가 해바라기로서 나타나는 그 순간을 그렸다고, 로렌스는 말했다고, 어떤 비평가는 논의했다.

바로 그렇게 김향숙 시인은 "빗방울"이 "빗방울"로서 나타났다 사라지는 그 절묘한 찰나를 통하여 "빗방울"의 '존재 그 자체'를 잡아채는 놀라운 포착력을 보여준다. 그 순간이 아니면 누구도 "빗방울"이 "빗방울"이 되고 있음을, 그와 동시에 "빗방울" 아닌 것이 되고 있음을 깨닫지 못할 것이다.

2

 삼라만상이 자신을 드러내는 순간을 포착하는 시선은, 시인의 관심이 생활 속에서 흔히 보는 물상들을 향할 때 더욱 큰 호소력을 발휘한다.
 시집을 통해서 추측되는 시인의 삶은 어려서 그리 풍족했다고 할 수 없을 것 같은데, 그런 어려움의 기억 때문인지 시인의 시선은 구체적인 생활을 이루는, 집이나 도구 같은 것들에 가 머무른다. 다음의 시 「나사」는 여성 시인으로서는 쉽사리 관심을 주지 않을 물상을 향한 시선의 힘을 다시 한번 확인시켜 준다.

  박혀 있는 것들,
  일자 아니면 십자다
  한쪽으로만 빙빙 돌고 있는 것들이다

  반대라는 말만 들어도 헐거워져서
  바짝 긴장하는 것들이다
  끝이 뾰족한 일들을 책임지고
  그대로 버티라고 다그치는 중이다

  나선은 땅을 파고드는 빗줄기 같아서
  나사는 나무나 풀의 뿌리가 된다

처음 나사를 발명한 사람은
남아도는 고집을 버릴 곳을 찾다가
회오리 돌기를 발명했다

어떤 결심 앞에서 성호를 긋듯
십자 모양을 한 일직선들의 고집은
들뜨는 것들을 타이르듯
고정해 놓고 있다

오늘은 철물점이 쉬는 날
세상의 망치와 드릴이 함께 쉰다
일탈의 모임이 활발해
끝이 살짝 녹슬어도 괜찮다

—「나사」, 전문

  여기서 시인이 이야기하는 나사는 못의 일종이다. 사전을 찾아보면 그 뜻이 명료하게 이해된다. "몸의 표면에는 나사 모양으로 홈이 나 있고, 머리에는 드라이버로 돌릴 수 있도록 홈이 나 있는 못"이다. 나사의 '나'는 한자로 소라를 가리키는 '螺'요 '사'는 실을 가리키는 '絲'다. 우리 생활 어디서나 볼 수 있는 흔한 생활용품에 시선을 던진 시인은 여기서 외골수의 성질을 발견한다. 우리네 삶 어디서나 존재하는 고집스러운 사람, 한쪽으로만 한 방향으로만 흐르는 사람의 속성을 잡아채는 것이다.

이러한 시인의 관찰력은 다시 다음의 시 「명왕성 유일 전파사」에서 「나사」에서와 같은 탁월한 발견의 능력을 보여주는데, 여기서 시인이 발견하는 생활 속의 존재는 부정적 속성을 상징하는 나사 대신 생활 속에서 삶의 지혜를 터득한 한 사내를 향한다.

> 흑백텔레비전에는 명왕성冥王星이 들어 있다
> 어쩌면 모든 가전에도 있는지 모른다
>
> 목숨 다하면 망가지는 것이 아니라 제 몫을 못 하는 것이 명을 다한 거라고, 별명이 백과사전인 그 사내 모르는 게 없다 빛나는 지구도 저 없으면 돌지 않는다고 사십 년 기름때 묻은 공구함을 가리킨다 바닥에 엎드려 기술을 익히던 무릎, 페이지가 너덜너덜해지도록 달달 외우던 공구들 이름마다 알파벳이 벗겨져 반들반들하지만 자기 뼈처럼 자유자재로 다룬다
>
> 닷새마다 망가진 것들이 몰려드는 난전亂廛, 지문이 닳도록 눌러 헐거워진 버튼, 빠져나오지 않는 중고 카세트테이프를 어깨너머 기술로 척척 고쳐 낸다 스프링을 갈아 끼우자 사라진 가수를 불러내는 카세트 녹음기, 구성진 노래가 전파사 앞을 환하게 닦아 놓으면 골목에 아침이 밀려온다

웃음 사라진 이웃에 막히고 끊어진 것을 풀고 이어주면 목소리를 되찾는다 녹슨 심장에 균열이 시작된 건넛마을 이웃사촌까지 다정한 눈길로 땜질하고 막걸리 한 잔 따라 주면서 다독다독 고친다

십자와 일자, 플러스와 마이너스만 있으면 퇴출당한 명왕성도 거뜬히 고친다는 명왕성 유일 전파사 그 사내

봄날, 고친 카세트 들고 집으로 가는데
흥겨운 듯 절절한 트로트가
막 돋아난 이파리처럼 뒤를 따른다

―「명왕성 유일 전파사」, 전문

여기서 시인이 주시하는 대상은 "별명이 백과사전인 그 사내", 곧 "닷새마다 망가진 것들"을 수리하는 "난전"의 사내다. 그가 차려놓은 전파사는 정말 사업자 등록을 낸 수리점은 아닌 것도 같고, 또 간판을 내걸었다고 해도 "명왕성 유일 전파사"라는 거창한 이름일 것 같지는 않다.

시인은 화자가 되어 "사십 년"씩 가전제품을 수리한 끝에 드라이버 한 자루만 있으면 "퇴출당한 명왕성"조차 고쳐서 태양계 안으로 다시 되돌려놓을 수 있는 '실력'을 갖춘 사내의 찰진 생활력을 투시력으로 얘기한다.

3

이 장에서는 이러한 시인의 투시력이 자연 현상을 향할 때 어떤 일이 일어나는지 살펴보기로 한다. 투시는 현상을 뚫고 본질로 직입해야 하는데, 여기서 시인이 즐겨 구사하는 방법은 비유법이다. 그는 자신의 시에서라면 안이하거나 한가한 비유를 허용하지 않는 긴장력을 발휘한다.

비평을 하는 한편으로 시를 쓰기도 하는 필자이지만, 이 시인이 그야말로 평범한 일상의 자연 현상을 '설명'하는 수단들을 접하고 나면 놀라운 감각이란 바로 이런 것이겠다, 하고 생각하지 않을 수 없다. 예를 들면 시인에게 '밤'은 어떻게 이해되던가?

밤은 완벽한 모직
세상이 모두 어둠이라면
행사와 모임 때마다 갖춰야 하는
드레스코드는 없었을 것이다

목소리와 온갖 소리로 장식을 달고
모직이나 실크, 리넨이나
디자인도 계절에 맞는 패션으로 유행을 만들겠지

달이 뜨지 않는 옷
어둠은 영원한 옷감이었겠지

감촉도 화려함도 재료도 재단도 필요 없는

　　어둠을 걸어둘 장롱이 없어
　　밤 한 벌 껴입고
　　외출할 수 있을 것이다

　　어둠은 평면이니까
　　어떤 굴곡도 없는 무형의 세계
　　가위도 없이 저 먼 곳에 불빛 몇 개 달면
　　아득한 이곳이 된다

　　기형의 몸들이
　　밤의 뒷면에서 드러내는 무형의 옷
　　누구나 투명하고 영구적인 그 한 벌을 얻으려
　　껴입었던 낮을 벗는다

　　　　　　　　　　　　　　　—「밤이라는 옷」, 전문

　요컨대, 이 시는 그 첫 줄의 시구 "밤은 완벽한 모직"이라는 하나의 비유법으로 모든 승리를 거머쥐고 만다. 이렇게 '밤=모직'이라는 비유의 충격에 한 번 노출되고 나면 독자들은 나머지 행연들은 전기에 감전된 쥐의 얼어붙은 몸으로 다만 그 훑어내림을 감지만 할 수 있을 뿐이다.
　시인이 이 시선의 힘을 달빛 쪽으로 돌렸을 때 결과는 더욱

놀랍다고 하지 않을 수 없다. 다음의 시 「달빛 성분 검사서」는 그 살아있는 사례다.

달빛 한 조각 책상에 올려두었다
재물대 위 광학 현미경을 들여다보며
핀셋으로 한 자락 얇게 벗겨낸다

세포마다 애간장 타는 냄새와
백일홍의 젖은 숨소리가 묻어 있다
울음을 어루만지던 서늘한 달빛
가을 오동잎에 내려앉은
마지막 달빛이 야위었다

꽃잎에 묻은 지문과 뒤뜰을 지나간 발자국
뜨락을 쓸고 간 치맛자락의 무늬도 보인다
달을 마중 나오던 하얀 박꽃과 달맞이꽃
분꽃의 숨소리도 들어 있다

달빛이 모과나무 가지에 앉아 있을 때
나지막이 깔리던 밤바람
먼바다를 건너온 돛의 거친 펄럭임과
달의 맨손에 묻은 기도의 성분을 살피는 중이다

만월로 몸을 부풀린 신음과 문양을 관찰한다

낭떠러지를 걷어 달라는

순도 백 퍼센트 염원도 내포되어 있다

달의 그늘진 뒷면엔 기도 한 줌과

당신의 빈손도 들어 있다

분석된 달빛을 기록해 놓는 밤

차면 기울고 기울면 차는 달빛은 맑고 따뜻하다

―「달빛 성분 검사서」, 전문

  여기서 시인은 자신의 창작방법론을 명료하게 제시하기에 이른다. 그것은 "광학 현미경"으로 사물 '들여다보기' 바로 그것이다. 시인은 마치 중학교 생물 시간에 현미경으로 식물 세포를 관찰하려는 학생처럼 "핀셋으로" 달빛 "한 자락 얇게 벗겨낸다."

  달빛을 감상하는 행위를 이와 같은 광학적 상상력으로 표현할 수 있었던 사례는 일찍이 없었으며, 그 충격은 가히 저 옛날 시인 이백이 달과 제 그림자와 더불어 술을 희롱하던 「月下獨酌」의 그것에 근사한 것이라고도 생각된다.

  이렇게 재물대 위의 현미경으로 달빛을 얇게 벗겨내서 그 내부를 투시해 봄으로써 그 긴 사람살이의 긴 궤적 속에서 사람들이 달빛에 부쳐온 기막히게 아름다운 감정의 사연들이 하나씩 하나씩 모습을 드러낸다.

현미경으로 들여다보았으므로 아무리 미세한 감정의 애환이라도 시인, 곧 화자는 너끈히 관찰할 수 있었을 것이다.

4

이런 비유법적 투시에 관한 한 한국 문학사 최고의 시인은 단연 천재 문인 이상이다. 그의 놀라운 비유법의 만화경은, 그런데, 정작 시에서보다 명수필 「산촌 여정」(《매일신보》, 1935.9.27~10.11)를 통하여 '실카장' 맛볼 수 있다.

일찍이 이상이 평안도 성천으로 여행을 떠났던 것은 널리 알려진 사실인데, 이로부터 이상은 경성, 곧 서울 태생 도시 청년 자신의 산골 경험을 두 가지 방향으로 발전시켜 명작들을 남겼다. 그 하나가 지금 이야기하는 「산촌 여정」이었다면 다른 하나는 또 다른 문학사의 명작 「권태」(《조선일보》, 1937.5.4~11)였다.

필자는 『이상 문학의 방법론적 독해』(2015)의 한 꼭지에서 「산촌 여정」과 「권태」가 같은 기행에서 출발하는 서로 상반된 전개를 보이는 작품들임을 논증하고자 했다. 말하자면 「산촌 여정」이 휜연새 삶의 생기로 가득 차 있다면 「권태」는 긴 흑백사진처럼 펼쳐진 삶의 경악을 그려놓은 것이었다.

여기서는 「권태」는 일단 떼어놓고 「산촌 여정」에 잠시 집중해 보기로 한다. 여기서 이상은 객줏집 방에 켜져 있는 석유 등잔 냄새를 "도회지의 석간(夕刊)과 같은 그윽한 내음새"라고 한다. 베짱이가 한 마리 등잔에 올라가 있는데, 이 연둣빛 벌레를 가리켜 마치 알파벳 'T' 자를 써놓은 것 같다고도 한다. 이 베짱이 울음소리는 어떻게 들으면 "도회의 여차장이 차표 찍는 소리" 같기도 하고, 또 어떻게 들으면 "이발소 가위 소리" 같기도 하다. …… 한참을 이런 비유들이 쏟아져 나오던 중에 이상은 어느새 시냇물 흐르는 징검다리 가에 앉아 있는데, 거기 누가 배추 씻어 놓은 흔적이 있는 것을 보고 그 "풋김치의 청신한 미각이 안약 '스마일'을 연상"시킨다고도 한다. 또 자기가 앉아 있는 모양을 가리켜 "나는 그 화성암으로 반들반들한 징검다리 위에 삐뚤어진 N자로 쪼그리고 앉았노라면"이라고 표현해 놓기도 한다.

시골의 풍경과 물상들을 자기가 태어나 자란 도회지 경성의 물상들과 알파벳의 추상적 형상에 비유하는 방식은 실로 놀랍다 하지 않을 수 없다. 필자가 여기서 이 이야기를 왜 하는가? 이 시집의 저자인 김향숙 시인이 바로 그와 같은 비유법적 구사력을 갖춘 시인의 다름 아니기 때문이다. 예를 들어, 다음의 시는 이와 같은 맥락에서 어떻게 읽히는가?

> 먹장구름 골목을 휘어들어
> 낡은 바닥에 몸 꺾으며 돌아서는 달동네
> 옥상에 널린 옷가지들
> 힘껏 빨랫줄 당기며 날아갈 듯 펄럭인다
> 붉은 줄을 붙잡고 출렁이는

어두컴컴한 가장의 작업복

오랜만에 아이들 소매를 부여잡고

빙글빙글 돈다, 춤을 춘다

놓친 손을 잡았다 다시 놓치는 동안

육 현 전깃줄에 몸을 부비며 떠는 바람

커가는 품 늙어가는 품을 기록하는 빨래 사이로

바람이 말을 달린다

저렇게 소박한 경전이 또 있을까

추위와 더위를 한 벌로 품는 색색의 경전

한 줄 바람에 한 몸이 된 식구들

옷 안에서 부대끼며 서로를 아로새긴다

그러니 옷을 입고 벗는 것은 깊은 일

옷 속에서 자라고 죽어가는 바람의 일

바람도 소맷귀 해지는 날이 오듯

몸을 벗은 옷들의 춤이 멈추자

비스듬히 그늘을 누이며

가파른 계단을 올라온 저녁

옷에 묻은 춤을 가만히 털어 낸다

―「빨래 경전」, 전문

 이 시에서 '빨래=경전'이라는 비유법적 개념 환치는 가히 이상의「산촌 여정」의 개념 환치적 비유법을 연상케 한다고 하지 않을 수 있을까?

다음과 같은 시에서도 시인은 구체적인 물상을, 추상적인 의미망을 갖는 활자 매체적 물상에 비유하는 방식을 다시 한번 보여준다.

들판에서 산비탈까지
밭고랑에서 무논까지 이어진 기나긴 문장
가끔 쉼표 같은 헛기침이 있어
경작의 단락들이 계절의 땅에 섞이곤 했다

새벽 별빛 총총 울면 퇴비 한 지게 지고 사립문 나서는 아버지, 입이 큰 발채에 노을 진 뻐꾸기 울음 가득 싣고 돌아왔지만, 등에 얹힌 일곱 식구의 저녁은 여전히 헐거웠다 마침표를 찍지 못한, 퇴고할 수 없는 무릎은 각주조차 달 수 없었다

지게에 얹혀 있는 계절, 문맥을 이어준 것은 싸리로 엮은 둥글넓적한 발채였다 지겟작대기가 부지런한 동사라면 발채는 느슨한 보조사, 뒷산 진달래는 칙칙한 생을 울긋불긋 색칠해준 형용사였다

첫걸음마를 뗄 때부터 아버지를 읽었으나 어떤 대목에선 난독증을 앓고 또 다른 문장에서는 한참 동안 서성이곤 했다 더듬거리며 읽어도 끝이 없는 안타까움, 한 번도 제대로 읽어 내지 못한 책

> 아버지는 아버지 방식대로의 전집이었다 서슬 퍼런 서문에서 체념의 후기에 이르는 서사는 검은 수염이 흰 수염에 이르는 길, 슬하에 일곱 이야기를 완성한 장문長文이었다
>
> 문장을 져 나르던 나무지게가 헛간 앞에서 썩어간다 삭아가는 발채는 입을 다물지 못하고 주인 잃은 연장들은 녹꽃綠花을 피우고 있다
>
> ―「명작」, 전문

아버지의 남루한 농사의 생애를 "문장"을 갈아 "명작"을 경작하는 과정에 비유한 이 놀라운 작품은 과연 저 옛날 이상이 남겨놓은 비유법의 성채를 연상케 하고도 남음이 있다. 아버지의 농사가 "문장"이라는, "명작"이라는 '문명', '도회'의 언어로, 비유로 포착될 때 읽는 이들은 러시아형식주의가 말한 '낯설게 하기'의 진수를 맛볼 수도 있다.

5

이러한 논의들을 통하여 필자는 하나의 이야기를 생각해 낸다.

옛날에 시인의 자질을 품고 자라나던 한 조숙한 소녀가 있었다. (『당신을 미리 다녀왔습니다』) 그의 아버지는 식구들을 책임지

는 농사꾼이었고(「명작」), 그러다 그네들 가족은 상경을 했는지도(「봄의 비탈에 마을이 있었다」), 그렇게 해서 도시의 산 위 동네에 자리를 잡았는지도 모르며, 그러면서도 가난에서 벗어나지 못했는지도 모른다. (「우리도 쥐라고」)

그러나 조숙한 시인의 천품을 타고난 소녀는 자신이 소속해 있어야 할 생활의 일상 속에서도 다른 세상을 꿈꾸는 공상적 기질, 엉뚱한 발상을 버릴 수 없었다. (「숫자의 엉뚱한 휴일」) 남루한 생활 조건 속에서 배태된 시인의 시는 때문에 가난의 기억과 그 숭고함에서 벗어날 수 없었지만 자주 현실의 중력의 법칙을 거스르고 먼 하늘 위로 솟아오르거나 자기 삶의 테두리 안으로 침잠해 들곤 했다.

어떤 긴장이 시인을 늘 감싸고 있어 시인은 풍요로운 여행자가 될 수도 없었고 낭만적인 사랑의 유희에 즐겨 몸과 마음을 맡길 수도 없었지만, 버릴 수 없는 언어와 문장 속에서만은 시인은 감각과 상상의 자유를 맛볼 수 있었고, 때문에 몸은 생활의 일상에서 벗어나지 않으면서도 마음은 늘 그를 시험대 위에 올리며 성찰과 긴장의 끈을 늦추지 않도록 했다.

이런 것들이 김향숙 시인의 시집을 읽어가며 필자의 심중에 떠오르는 어떤 시인의 내면적 자아의 모습이다. 결코 천진하지도 낙천적일 수만도 없을 것 같은 이 시인은 그래서 생활로서의 삶 자체가 경전일 수도 있고 그 현상 자체에서 삶의 본질에 직입하는 특이한 방법을 고안해낼 수 있었을 것이다.

예를 들어, 다음의 시 「비누의 예의」는 하루하루 세수를 해나가는 일상적 행위를 수행적 성찰의 대상으로 삼는 시인의 삶의 태도를 엿볼 수 있게 한다.

얼굴을 씻어내는 동안 눈을 꼭 감는다

미끄러운 것들은 바깥에 있고
바깥은 서서히 닳고 있으니까

얼굴에 달라붙어 있는 것들
뻔뻔스러움이든 가면이든
깨끗하게 씻어낼 수 있다고 믿는 오만

표면을 스치듯 관계를 유지해야 한다면
비누의 중력이 딱 맞다

얼굴에 묻어 있는 감정들
굳어지기 전에 제거해야 한다면
어디에도 고정될 수 없는
미끄러움이 제격이다

서로 스치듯 지나쳐야 한다면
비누의 예의가 맞다
거품이 거품을 걷어내는 방식

함부로 곁 수 없던 사이가

냄새만 남겨두고 사라지듯

―「비누의 예의」, 전문

이 "비누의 예의"는 현대인의 사회적 관계에의 깊은 성찰을 보여주지 않는가 한다. 이 시에서 시인은 마치 달빛 한 닢을 현미경 위에 올려놓고 해부해 보듯이 비눗물 한 장을 거울 위에 올려놓고 해부해 본다. 비누칠을 한 '나'의 얼굴은 "뻔뻔스러움"이나 "가면"이나 "오만" 같은 것들을 쓰고 있고, 그것들을 씻어내야, 벗겨내야 하지만 쉽지 않은 일이다. "표면을 스치듯" "유지"되는 "관계"의 삶, 이것이 현대인들의 사회적 관계이고, '나' 또한 여기서 쉽사리 자유로울 수 없다. 과연 이 "미끄러움", "미끄럼질"의 예의, "비누의 예의"에서 벗어날 수 있을까. 쉽지 않다고 시인은 생각하는 것 같다.

「비누의 예의」가 현대의 일상에 깃든 부정적인 속성을 꿰뚫어 보고 있다면 그것과는 다른 방향을 취한 시가 있다. 다음의 시 「타이르는 타일들」을 읽어 보면, 시인이 삶을 얼마나 엄정하게, 경건하게 대하고 있는지 가늠해 볼 수 있다.

바닥과 벽에 타일을 깔고 있다

일정한 간격을 띄워가며 붙이는

타일의 무늬들

조금도 흩트리지 않고 이어 붙이는
저 찬란한 질서

시공이 끝난 타일들을 보면, 잘 타일러
반듯해진 얼굴 같다

너와 나는 어긋난 모양으로
타인이 되는 게 아니라
나의 끝과 너의 시작이 맞물려
우리가 되어가는 것

세상의 벽과 바닥엔 이미
일렬의 타일이 깔려 있다

수영장에는 네모반듯한 물이 첨벙거리고
수도 없는 타일이 붙여진
사각의 영법泳法들이 둥둥 떠 있다

타일을 깔아놓은 자리에 누우면
당신의 규칙적인 꿈을 꾸고

때로 일부이면서 전체가 된

세상의 수평과 사랑스러운 각이

이곳에 나란히 있다

—「타이르는 타일들」, 전문

  이 얼마나, 일상에서 길어 올린 경전 속 문장 같은 깨달음인가. "시공이 끝난 타일들을 보면, 잘 타일러" "반듯해진 얼굴 같다"는 것이다. 이렇게 스스로를 잘 타일러야 '너'와 '내'가 "우리"가 되어갈 수 있으리라는 것이다.

  우리들의 세상에서는 이미 그런 오랜 역사가 먼저 와 있었다는 것이다. "세상의 벽과 바닥엔 이미" "일렬의 타일이 깔려 있다"는 이 겸허함은 얼마나 깊은 자기 성찰의 결과물이란 말인가. 이 시에서는 타일을 바르는 행위, 그 산물로서 바닥의 타일들 자체가 삶의 경전과도 같은 것이라 해야 한다.

  여기서 이 경전과 문장의 비유법을 잠시 내려놓으면, 삶의 경건함에 새삼 눈뜬 사람의 허허로운 심정을 시적으로 축조해 놓은 작품이 바로「자루 이야기」라고 할 수 있다.

티베트 천장天葬 터

실려 온 관棺은 고작

웅크린 자루 하나

체면만 겨우 가린 자루

오토바이 뒷자리에 짐짝처럼 실려

구름 중턱까지 왔다

잘 풀리지 않는 매듭을
한참이나 푸는 천장사
꼬이고 꼬인 저승의 길
이승의 방식으로 풀기에는
매듭이 너무 질기다

구름을 벗긴 오전이
태양을 슬그머니 꺼내놓는다
웅크린 시신을 꺼낸 빈 자루
유족에게 돌려준다

생전의 망자는 저 자루에 칭커를 담고
소금을 사서 머리에 이었다
올해는 흉년이라 자신의 일생을 담았다

불룩한 부피의 생애였다고 여겼지만
자루를 여밀 만큼은 남겨 놓았다

물과 칭커 가루를 개어
주린 속을 달래는 천장사
비두鼻頭와 해탈解脫이

한 가지 맛이다

―「자루 이야기」 전문

여기 나오는 "천장"은 티베트 사람들의 고유한 장례 의식으로 독수리에게 육신을 떼어주고 떠나는 장례 의식이다. 이 천장(天葬)이 조장(鳥葬)과 같은 것을 가리키는 다른 말인지, 뭔가 다른 점이 있는지 확신할 수 없지만, 여기서 문제는 그런 것은 아닐 테다.

한 사람의 삶이 그가 보리("칭커")를 담아 놓던 "자루" 하나에 오롯이 담겨 끝막음에 다다르는 이 광경은 우리네 삶의 의미를 되돌아보도록 하고, 욕심과 망상에서 놓여날 것을 주문하고 남음이 있다. 어쩌면 시인은 이 광경에 대한 서경적 묘사로써 "문장"과 "경전"의 무게를 충당하고자 했다고도 할 수 있을 것이다.

시인에게 삶은 그가 그토록 집요하게 매달리고자 하는 시와 같고, 그 "문장"으로 빚어 놓은 "경전" 같은 것이라고 해야 하는지도 모른다. 시인은 삶의 일상적 허상을 꿰뚫는 투시적 시선으로 그 본질에 직입하고자 하는, 놀라운 비유법을 구사하는 언어의 승부사라 해야 할 것이다.

그럼으로써 그가 이 일상을 얼마나 날카롭게 해부하고 그 속을 백일하에 뒤집어 보이는지, 또 그러면서도 일상을 얼마나 치열한 수행의 도장으로 만드는지 이 시집은 알 수 있게 한다. 이 화려한 비유법의 시집 속에는 한 사람의 은밀한 수행자가 살고 있어 세상의 진실을 두 쪽 내어 보일 언어의 칼을 벼리고 있다.

시인의 말

구름을 퇴고하다 소나기를 터뜨렸다

어떤 문장이 빠져나간 자리
물결이 드나들어 한동안 일렁거렸다

끝없이 지구를 헤매는 검은 비닐봉지

그리고

제목 없이 떠도는 나

.....